青少年羽毛球运动技能等级标准与测试方法

全国青少年运动技能等级标准研制组　组编

科学出版社
北京

内 容 简 介

本书介绍了青少年羽毛球运动技能等级标准与测试方法，主要内容包括“测试场地、器材、设备及人员配备要求”“测试的总体要求”“各等级测试科目”“一～九级测试方法”。各级测试方法中规定了该级测试的科目、方法及要求、达标标准，并对测试过程中的要点辅以图示及说明。

本书可供国家及各级教育主管部门、体育主管部门，各级体育协会，体育院校及中小学校，社会性体育培训组织相关人员参考、使用。

图书在版编目（CIP）数据

青少年羽毛球运动技能等级标准与测试方法 / 陈佩杰，唐炎主编. — 北京：科学出版社，2018.4
（青少年运动技能等级标准与测试方法）
ISBN 978-7-03-057031-4

Ⅰ. ①青… Ⅱ. ①陈… ②唐… Ⅲ. ①羽毛球运动–称号等级（体育）–标准 ②羽毛球运动–称号等级（体育）–测试方法 Ⅳ. ①G847

中国版本图书馆CIP数据核字（2018）第055548号

责任编辑：潘志坚
责任印制：谭宏宇 / 封面设计：殷　靓

科 学 出 版 社 出版
北京东黄城根北街16号
邮政编码：100717
http://www.sciencep.com
南京展望文化发展有限公司排版
当纳利（上海）信息技术有限公司印刷
科学出版社发行　各地新华书店经销

*

2018年4月第　一　版　开本：B5（720×1 000）
2019年6月第二次印刷　印张：4 1/4
字数：59 000

定价：60.00元

（如有印装质量问题，我社负责调换）

《青少年运动技能等级标准与测试方法》丛书
编辑委员会

《青少年运动技能等级标准与测试方法》丛书
专家指导委员会

委　员

（按姓氏笔画排序）

王培锟　叶玮玮　吉　宏　孙麒麟　吴　瑛　邱丕相　何志林
余丽桥　邵　斌　孟范生　梁文冲　虞定海　戴金彪

《青少年羽毛球运动技能等级标准与测试方法》编辑委员会

执行主编

卢志泉　陈周业

编　委

（按姓氏笔画排序）

卢志泉　史芙英　陈周业　罗晓洁
钟建荣　修　晨　盛　怡　蒋　健
管　颖　霍倩文

丛书序

2017年11月，国家体育总局、教育部、中央文明办、发展改革委、民政部、财政部和共青团中央7部门联合制定出台了《青少年体育活动促进计划》，明确提出"研究建立青少年运动技能等级评定标准"，并要求"各级教育部门应将运动技能等级纳入学生综合素质评价体系"。运动技能水平是衡量个体体育综合能力的关键指标，让青少年掌握1～2项运动技能是国家对青少年体育教育的基本要求。然而，如何客观有效地评判青少年运动技能的掌握水平，我们还缺乏一套行之有效的标准。毋庸讳言，当前运动技能等级标准的缺失已经成为制约青少年体育改革发展的主要因素。这对学校体育与健康课程改革的效果检验和深入推进、青少年体育素养水平评价的实施及社会性青少年体育培训的规范开展都造成了影响。因此，制定一套能展现运动项目特征、反映运动技能进阶规律、科学性强且便于测试的"青少年运动技能等级标准"（以下简称"标准"）已迫在眉睫。

2016年3月，上海体育学院组建了"标准"研制组开展相关工作。经过广泛的专题调研和充分的分析讨论后，研制组确立了四等十二级制的"标准"体系构架，并以"标准"指标能反映运动项目的实际运用能力、能反映个体运动技能水平的变化、能促进青少年运动参与的积极性、能与竞技体育运动等级标准有效衔接为基本思路，依托中国乒乓球学院强大的科研力量，以乒乓球运动技能等级标准的研制为突破口，以点带面地推进研制工作。2017年4月12日，研制组首先发布了《青少年乒乓球运动技能等级标准》（以下简称《乒乓球标准》）。《乒乓球标准》的发布得到了中国乒乓球协会与上海市教委相关领导、乒乓球界多位名宿与专家的高度肯定，国家体育总局官网、新华网、环球网等数十家媒体予以报道。在《乒乓球标准》成功发布的基础上，研制组进一步优化研制思路和路径。又历时1年，经过对9 000余名青少年进行测试和数十轮专家研讨，研制组先后完成了足球、篮球、排球、羽毛球、网球、高尔夫球、田径、体操、游泳、武术10个运动项目的"标准"研制工作。上海市学生体育协会对"标准"高度认可，并采纳其

全部内容用于促进青少年学生体育活动的开展工作。同时，“标准”已作为行业主体在上海市质量技术监督局申请为“团体标准”。“标准”的正式出台对于推动青少年体育发展可以起到以下几方面的作用。第一，“标准”的体系构架能够实现普通青少年与精英运动员的运动技能水平评定的衔接，能够为体育管理部门掌握青少年运动技能等级分布情况、规划运动项目发展方向提供支撑。第二，“标准”的指标设计充分考虑到运动项目参与主体的获得感，青少年在每一阶段的进步均能通过等级的进阶得到证明，从而更好地激发和维持青少年积极参与运动的热情。第三，“标准”在对个体参与测试的资格上添加了运动经历的要素，要求被测者从进入“提高级”的测试开始，必须要具备相应的运动经历才能参与测试。这样的设置突出了“标准”作为评价工具的发展功能，能够避免青少年将技能等级提升与运动实践相割裂的弊端，从而更好地带动青少年积极运动。第四，“标准”指标体系的科学性及测试方法的便捷性能够为学校开展体育技能教学、评定学生体育技能水平提供技术支撑，能够为教育部门开展学生体育素养测评提供科学便捷的工具，更好地实践体育与健康课程的育人价值。第五，“标准”能够为各种青少年体育培训机构的培训质量提供明确的评价依据。当前，青少年体育培训机构虽然蓬勃发展，但也良莠不齐。评价培训质量的指标较多，而青少年运动技能水平的提升程度无疑才是评价培训质量优劣的重要参考。

从提出研制思路到最终成稿，上海市教委都给予了极大的支持与帮助。同时，上海体育学院国家社会科学基金重大项目《中国儿童青少年体育健身大数据平台建设研究》研究团队从项目设计开始，就将“标准”的研制作为主要的研究任务之一，并形成了专门的研究小组进行技术攻关。此外，各运动项目领域的诸多专家及协会、众多中小学学校及社会性体育培训机构也在本“标准”的研制过程中提供了大量帮助。在此，向所有为“标准”的研制工作贡献力量的人员表示衷心的感谢！

受制于学识的限制，“标准”肯定存在着诸多不完善的地方。因此，恳请广大专家学者以及应用“标准”的相关机构、组织及个人不吝赐教，多提宝贵意见，为“标准”的进一步完善提供真知灼见！

陈佩杰　唐　炎
2018年3月12日

编写说明

让青少年掌握1～2项运动技能是国家对青少年体育教育的基本要求。然而，如何评定青少年运动技能水平，尚没有客观且有效的评价标准及测试方法。上海体育学院组建了青少年运动技能等级标准研制组，共历时2年左右，首期研制了乒乓球、足球、篮球、排球、羽毛球、网球、田径、体操、游泳、武术、高尔夫球11个运动项目的技能等级标准与测试方法。

《青少年运动技能等级标准与测试方法》丛书的编写特点如下：

- 科学性强　基于万余名青少年的测试数据，经过数十轮专家论证而制定。各等级的测试科目基本涵盖了该项运动的主要技术，体现了运动项目的本质特征和运动技能的进阶规律。
- 客观性强　研制过程中尽可能采用智能化的测试手段，能够有效避免主观因素。此外，还对各运动项目的测试场地、器材、设备、测试者及被测试者提出了统一要求，从而保证了不同测试基地间测量的可信度。
- 操作性强　在保证科学性和客观性的基础上，力求各运动项目等级的测试方法更简单易行，耗时更少。
- 引领性强　不同运动项目的相同等级难度设置基本对等，具有一定的层次性。从“提高级”开始，要求具备相应的运动经历，能够激发和维持青少年的运动参与热情。
- 贯通性强　能与现行的《运动员技术等级标准》及高水平竞技运动有效衔接，从而实现普通青少年与运动精英在技能上的贯通。
- 直观性强　各等级测试过程中的要点均辅以图片进行说明，且每项测试科目都配有示范内容的视频，通过扫描二维码，即可直观、便捷地了解测试内容与方法。

目 录

三级测试

四～六级测试

七～九级测试

青少年羽毛球运动技能等级标准与测试方法

羽毛球运动是一项深受广大学生喜爱的球类运动，是一项技巧性、技术性很强的竞技比赛项目，同时也是一项普及性、观赏性、参与性很强的大众健身活动。为了帮助青少年掌握1～2项运动技能，促进青少年健康成长，同时也为了服务于羽毛球运动的良好发展，特制定青少年《青少年羽毛球运动技能等级标准》(以下简称“标准”)。本“标准”在整体上采用四等十二级制，涵盖了羽毛球的基本技术动作。其中，一～三级为入门级，四～六级为提高级，七～九级为专业级，十～十二级为精英级。本“标准”仅针对一～九级，预留十～十二级与高水平运动员等级相衔接。

测试场地、器材、设备及人员配备要求

测试场地

要求在室内标准的双打羽毛球场上进行（地板和塑胶均可），球场高度不得低于9米，场地与场地之间及场地端线周围间隙均不得低于2米，测试场地平整、软硬度适中，场地的周边以不干扰被测试者测试为基本条件。场地需可容纳一定数量的被测试者并且严格符合测试场地规格。

器材

标准比赛用羽毛球、球筐、皮尺、标志（线、带）、秒表、口哨、成绩记录表，记录台1张、椅子2把。

设备

医用急救包1套，录像设备2套，专用电脑2台，配备网络接口并保证网络畅通。

人员

考官：至少3名，包括主考官、记分员、报分员。

助考：至少2名。

其他考务人员：若干名。

测试的总体要求

测试规则

被测试者首次申请测试可从任一等级开始，但应该对自身的水平有一定的预估。首次测试通过后方可申请高一等级的测试，不通过者须至少降一等级重新申请。

本“标准”遵循国际羽联（BWF）竞赛规则，测试方法及动作以本“标准”的规定为准，如违反国际羽联竞赛规则及“标准”测试方法的要求，将停止测试。被测试者只有一次测试机会。

被测试者要求

被测试者在测试前应进行不低于15分钟的热身活动，并熟悉测试内容。在此基础上，按照编号依次进行单项内容的测试。测试时，被测试者应穿着较为宽松轻便的运动服及运动短袖上衣和运动短裤或短裙，脚穿运动鞋或专业羽毛球鞋。非运动鞋禁止进入场地。被测试者自备用拍，且需符合国际羽联对羽毛球拍的认证规格。

从四级开始要求被测试者应具有一定的比赛经历。申请四～六级的测试须参加过县级及以上政府相关部门主办的比赛，或者以“标准杯”冠名的相应级别比赛，或者经“标准”委员会认定的比赛。申请七～九级的测试须参加过地市级及以上政府相关部门主办的比赛，或者以“标准杯”冠名的相应级别比赛，或者经“标准”委员会认定的比赛。

考官要求

考官职责：应统一着装；测试前应认真检查测试场地、器材及设备；布置与测试有关的任务、内容事项；督促被测试者签订自愿参加测试风险协议书；提醒被测试者做好充分的准备活动。

考官资质：应为获得国家二级及以上羽毛球裁判证书者，或体育院校羽毛球专项教师且具有讲师以上职称者，或是经“标准”委员会资格认定的考官，且无不良执裁记录。

助考资质：应为获得国家二级及以上羽毛球运动员证书，或达到羽毛球“标准”测试7级及以上且经培训合格者。

测试点要求

测试点必须保持测试场地干净、整洁、卫生、明亮，无易造成伤害事故的坚硬物体或其他安全隐患，必须有安全出口和紧急疏散通道。整个测试过程须全程录像。

各等级
测试科目

各等级测试科目一览表

等级	科目一	科目二	科目三	科目四	科目五
一级	正反拍颠球	正手发高远球			
二级	羽毛球掷远	后场定点正手直线击高远球			
三级	正手、头顶高远球	正手、头顶吊球	正手、反手挑高球		
四级	正、反手网前定点搓勾推	正手、头顶移动击高远球	正手、头顶移动吊球	正手、头顶移动杀球	
五级	正、反手网前定点搓勾推	正手、头顶移动击高远球	正手、头顶移动吊球	正手、头顶移动杀球	
六级	正、反手网前定点搓勾推	正手、头顶移动击高远球	正手、头顶移动吊球	正手、头顶移动杀球	
七级	网前两点移动搓勾推	后场两点移动规定线路吊球、高远球	正手、头顶吊直线、斜线上网（女）	正手、头顶杀直线、斜线上网（男）	30秒快速对墙击球
八级	网前两点移动搓勾推	后场两点移动规定线路吊球、高远球	正手、头顶吊直线、斜线上网（女）	正手、头顶杀直线、斜线上网（男）	30秒快速对墙击球
九级	网前两点移动搓勾推	后场两点移动规定线路吊球、高远球	正手、头顶吊直线、斜线上网（女）	正手、头顶杀直线、斜线上网（男）	30秒快速对墙击球

一级测试

LEVEL 1 TEST

科目一：正反拍颠球

测试方法及要求

以右场区或左场区的前发球线至双打后发球线的有效区域内进行，被测试者听到助考员的发令后先从正手开始，把球由正手位颠到反手位进行一正一反连续颠球。

评分方法

计分员记录被测试者完成的颠球个数，每人2次机会，个数达到20个为测试合格。

要点图示及说明

正反拍颠球

- 被测试者单面连续颠球，不计入测试成绩
- 被测试者如球落地或出规定区域，一次测试结束

科目二：正手发高远球

测试方法及要求

被测试者站在右区或左区前发球线后，运用下手击球技术，发出的球应以较高弧线飞行，垂直下落到对方场地右或左区的规定区域内，先进行右区测试，再进行左区测试，左右各10个球，共20个球。

落点区域划分与分值

后场：单打场地左右区的端线后沿至双打后发球线76厘米后沿为3分区，双打后发球线后沿向前100厘米区域为2分区，双打后发球线后沿向前100厘米至前发球线前沿的区域为1分区。

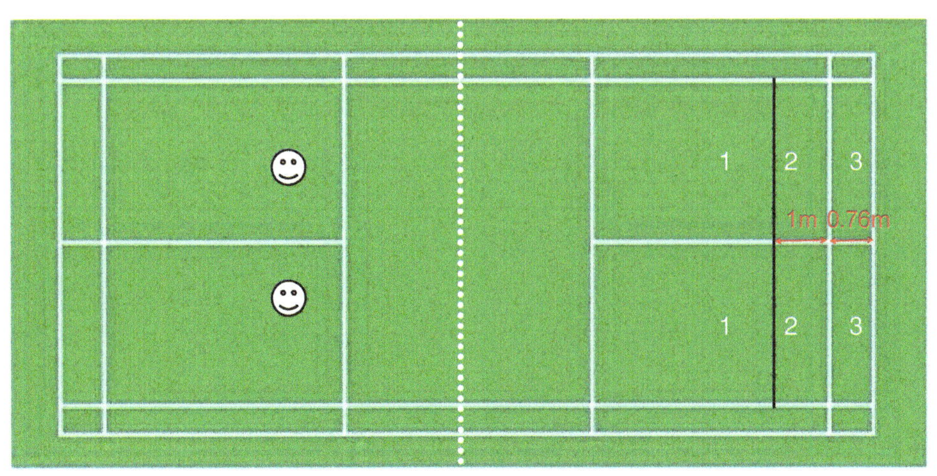

落点区域划分与分值示意图

评分方法

报分员依次报出被测试者在有效区域的分值，记分员记录并将分值相

加计算出总分，即为本测试得分，得分达到36分及以上为测试合格。

要点图示及说明

正手发高远球

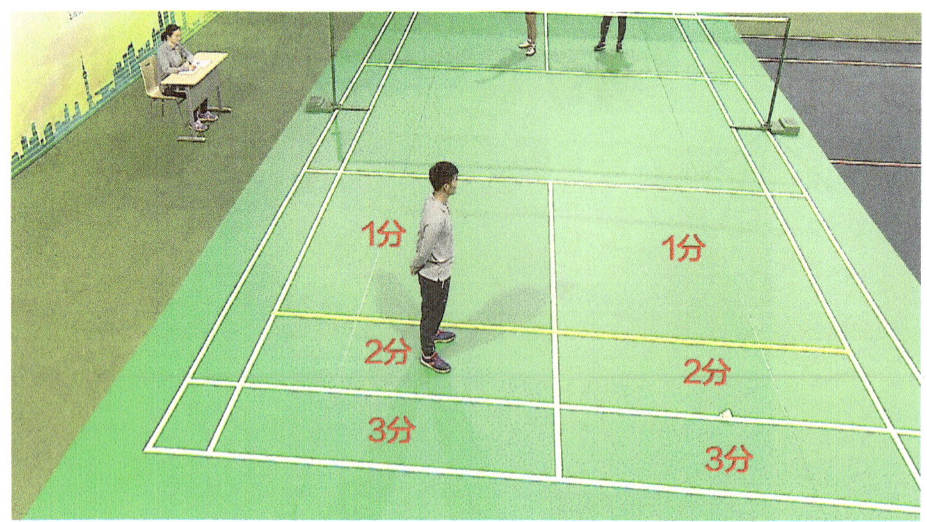

- 被测试者在发球时，脚不能踩线及移动

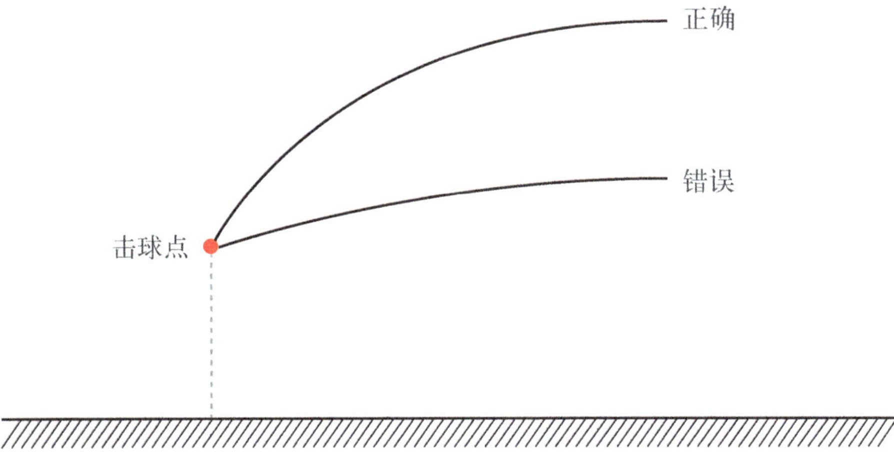

- 被测试者发出的高远球飞行弧线过低时，考官有权视为无效球，不计入测试成绩

达标标准

一级测试中两个科目均合格，则该等级达标。

二级测试
LEVEL 2 TEST

科目一：羽毛球掷远

测试方法及要求

被测试者站在前发球线后，左右区均可（脚不能踩线），原地用上手投球技术向前方掷远2次。

评分方法

报分员丈量前发球线至球落地的距离，取最远的一次作为其成绩，5.5米及以上为测试合格。

要点图示及说明

羽毛球掷远

- 被测试者测试前，应先将羽毛球球托沾上镁粉，以便检查球的落点
- 被测试者测试过程中，前脚不能踩线及越线

科目二：后场定点正手直线击高远球

测试方法及要求

助考员站在中场附近，利用下手发高远球技术向被测试者的正手区的后场连续发球10次，被测试者站在正手区后场位置附近，运用上手击球技术，直线击球以较高弧线落到对方后场规定落点区域内，连续击打10个球。

落点区域划分与分值

后场：单打场地左区的端线至双打后发球线后沿向前100厘米处规定为落点区域，单打边线外沿向内测量100厘米画线，与双打后发球线将左区落点区域划分为4个分值区域。

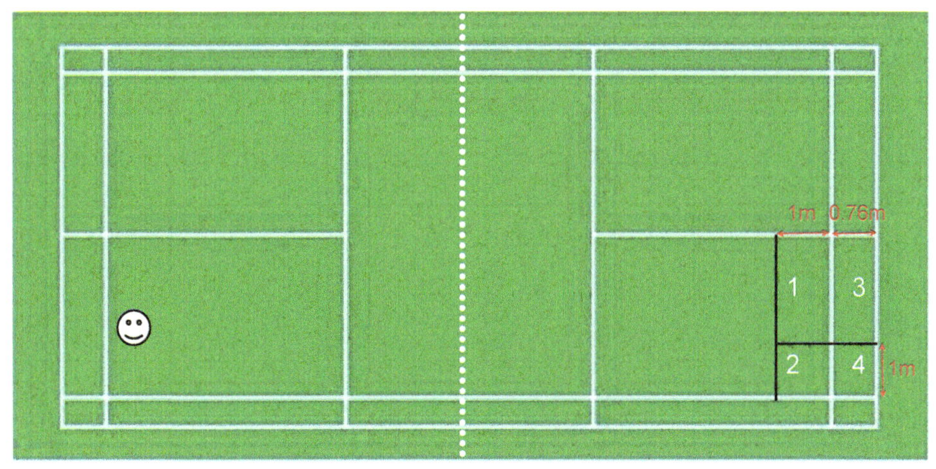

落点区域划分与分值示意图

评分方法

报分员依次报出被测试者在有效区域的分值，记分员记录并将分值相

加计算出总分，总分达到14分及以上为测试合格。

要点图示及说明

后场定点正手直线击高远球

- 被测试者在后场击球时，可选择原地及起跳方式进行击球

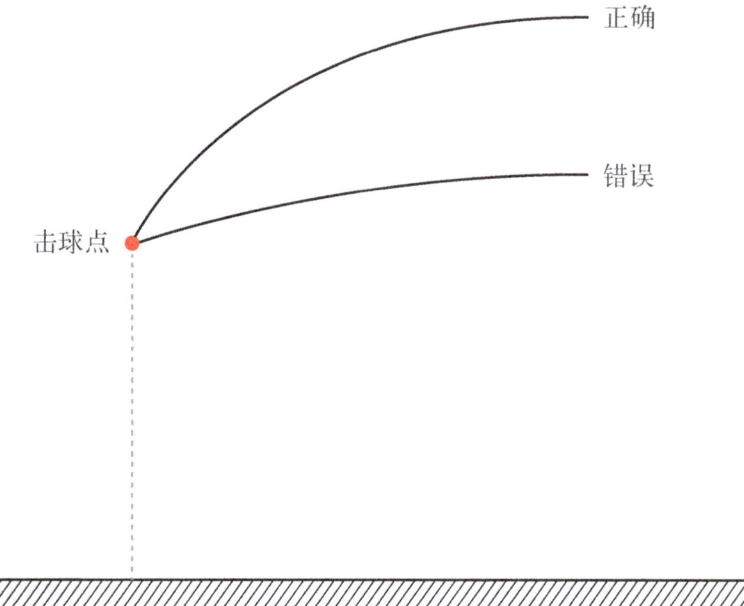

- 被测试者高远球飞行弧线过低时，考官有权视为无效球，不计入测试成绩

达 标 标 准

二级测试中两个科目均合格，则该等级达标。

三级测试
LEVEL 3 TEST

科目一：正手、头顶高远球

测试方法及要求

助考员站在中场附近，利用下手发高远球技术向被测试者的正手区、头顶区的后场连续各发球10次，被测试者站在正手区、头顶区后场位置附近，运用上手击球技术，以直线、斜线的固定顺序将来球以较高弧线击到对方后场规定区域内，先进行正手区测试，再进行头顶区测试，各10个球，共20个球。

落点区域划分与分值

后场：单打场地左右区的端线至双打后发球线后沿向前100厘米处规定为落点区域，平行于单打边线外沿向内测量100厘米画线，与双打后发球线分别将左右落点区域划分为4个分值区域。

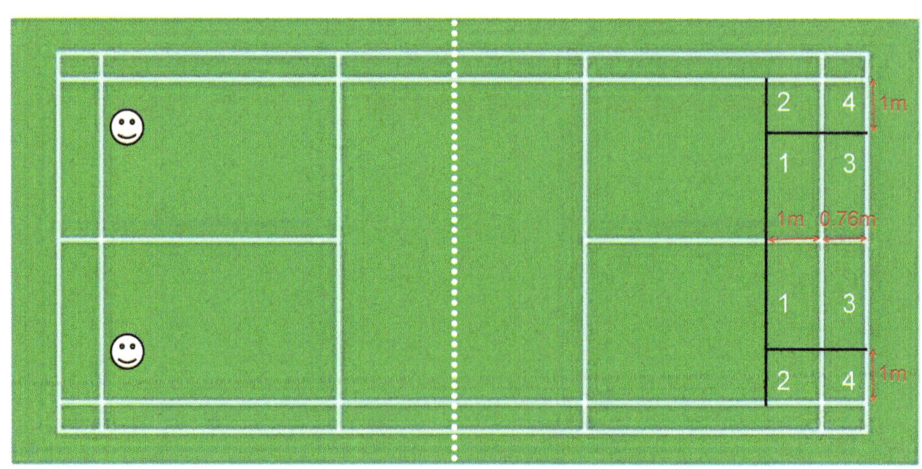

落点区域划分与分值示意图

评分方法

报分员依次报出被测试者在有效区域的分值，记分员记录并将分值相加计算出总分，总分达到25分及以上为测试合格。

要点图示及说明

正手、头顶高远球

- 被测试者在后场击球时，可选择原地及起跳方式进行击球
- 被测试者在正手区击球时，必须按照一次直线，一次斜线固定顺序来进行击球，顺序错误视其为无效球，不计入测试成绩

● 被测试者在头顶区击球时，必须按照一次直线，一次斜线固定顺序来进行击球，顺序错误视其为无效球，不计入测试成绩。

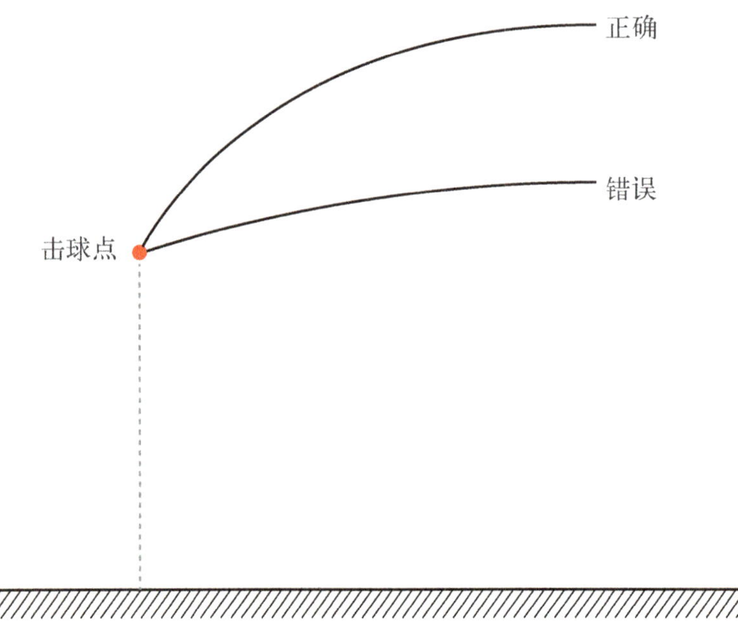

● 被测试者高远球飞行弧线过低时，考官有权视为无效球，不计入测试成绩

科目二：正手、头顶吊球

测试方法及要求

助考员站在中场附近，利用下手发高远球技术向考生的正手区的后场连续各发球10次，被测试者站在正手区、头顶区后场位置附近，运用上手吊球技术，以直线、斜线的固定顺序将助考员的发球分别击到对方前场规定区域内，先进行正手区测试，再进行头顶区测试，各10个球，共20个球。

落点区域划分与分值

前场：单打场地左右区球网至前发球线后沿向后50厘米为落点区域，平行于单打边线外沿向内100厘米画线与前发球线和中线、中线延长线分别将左右落点区域划分为4个分值区域。

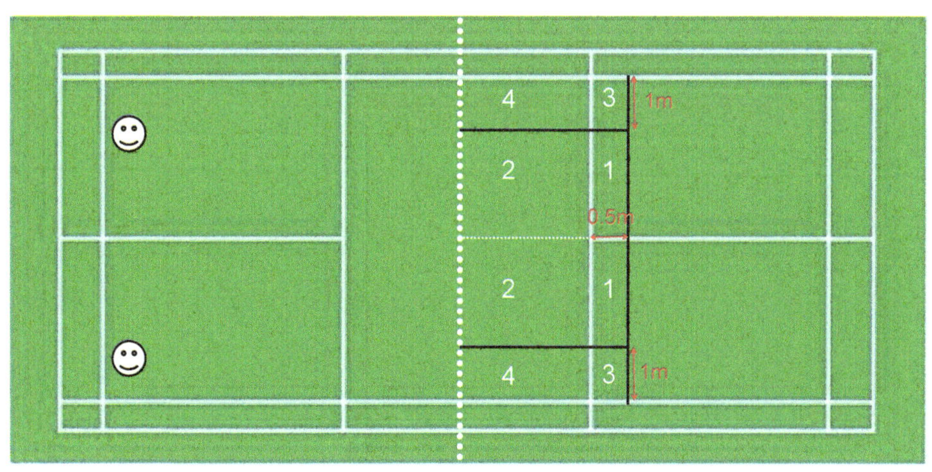

落点区域划分与分值示意图

评分方法

报分员依次报出被测试者在有效区域的分值，记分员记录并将分值相

加计算出总分，总分达到28分及以上为测试合格。

要点图示及说明

正手、头顶吊球

- 被测试者在后场击球时，可选择原地及起跳方式进行击球
- 被测试者在正手区击球时，必须按照一次直线，一次斜线固定顺序来进行击球，顺序错误视其为无效球，不计入测试成绩
- 被测试者在头顶区击球时，必须按照一次直线，一次斜线固定顺序来进行击球，顺序错误视其为无效球，不计入测试成绩

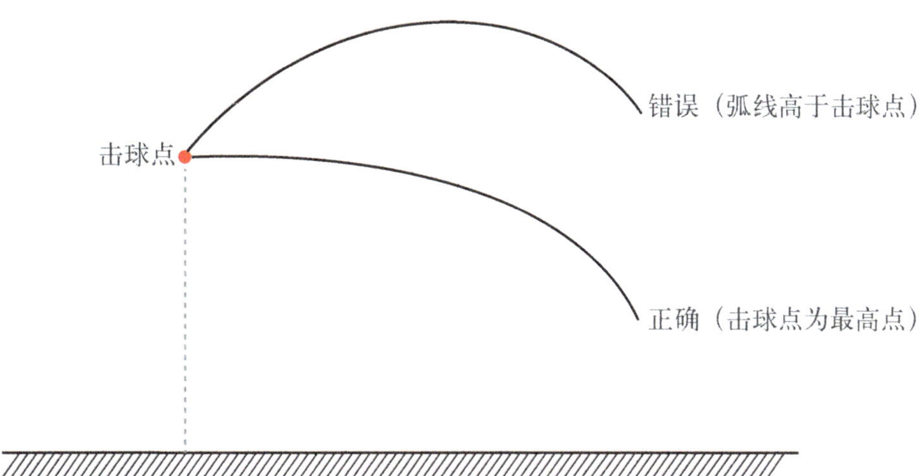

- 被测试者吊球向下飞行弧线距网过高时，考官有权视为无效球，不计入测试成绩

科目三：正手、反手挑高球

测试方法及要求

助考员将球抛过球网至被测试者正、反手区的近网靠近单打边线处，被测试者站在中线距前发球线50厘米一条标志线后准备，定点移动上网用正、反手技术按直线、斜线固定顺序进行挑球，挑球应以较高弧线飞行，垂直下落到对方后场规定区域内，同时要求被测试者每次击球后双脚必须回至标志线后方可进行下一次击球。先进行正手测试，再进行反手测试，正反手各10个球，共20个球。

落点区域划分与分值

后场：单打场地左右区的端线至双打后发球线后沿向前100厘米处规定为落点区域，平行于单打边线外沿向内测量100厘米画线，与双打后发球线分别将左右落点区域划分为4个分值区域。

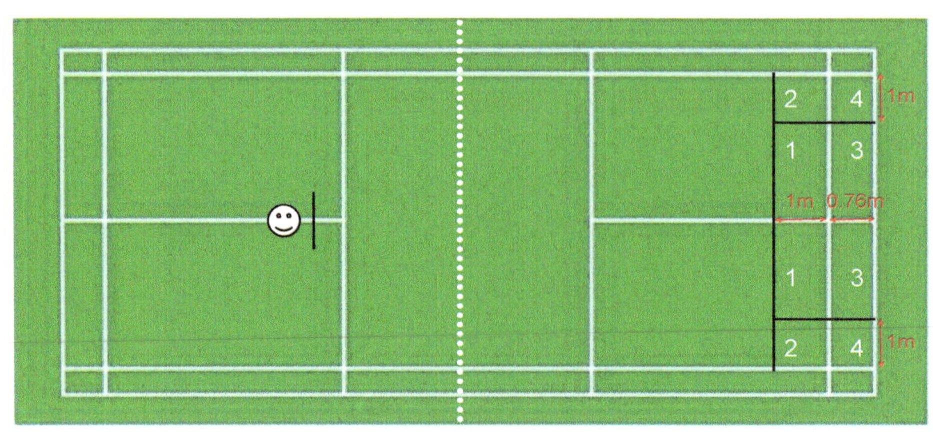

落点区域划分与分值示意图

评分方法

报分员依次报出被测试者在有效区域的分值，计分员记录并计算出总分，总分达到31分及以上为测试合格。

要点图示及说明

正手、反手挑高球

- 被测试者在网前每次击球后双脚必须回至标志线后方可进行下一次击球
- 被测试者在网前正手区击球时，必须按照一次直线，一次斜线固定顺序来进行击球，顺序错误视其为无效球，不计入测试成绩
- 被测试者在网前反手区击球时，必须按照一次直线，一次斜线固定顺序来进行击球，顺序错误视其为无效球，不计入测试成绩

达 标 标 准

三级测试中三个科目均合格,则该等级达标。

四～六级测试

LEVEL 4～6 TEST

科目一：正、反手网前定点搓勾推

测试方法及要求

助考员将球抛过网至被测试者正、反手区的近网靠近单打边线处，被测试者站在中线距前发球线50厘米一条标志线后准备，定点移动上网用正手、反手技术按照搓或放、勾对角线、推直线、推对角线的固定顺序将球击到对方前场及后场的规定区域内，同时要求被测试者每次击球后双脚必须回至标志线后方可进行下一次击球。先进行正手测试，再进行反手测试，正反手各12个球，共24个球。

落点区域划分与分值

前场：单打场地左右区球网至前发球线后沿为落点区域，平行于单打边线外沿向内100厘米画线，平行于前发球线后沿向前50厘米画线与中线延长线分别将左右落点区域划分为4个分值区域。

● 后场：单打场地左右区的端线至双打后发球线后沿向前100厘米处规定为落点区域，平行于单打边线外沿向内测量100厘米画线，与双打后发

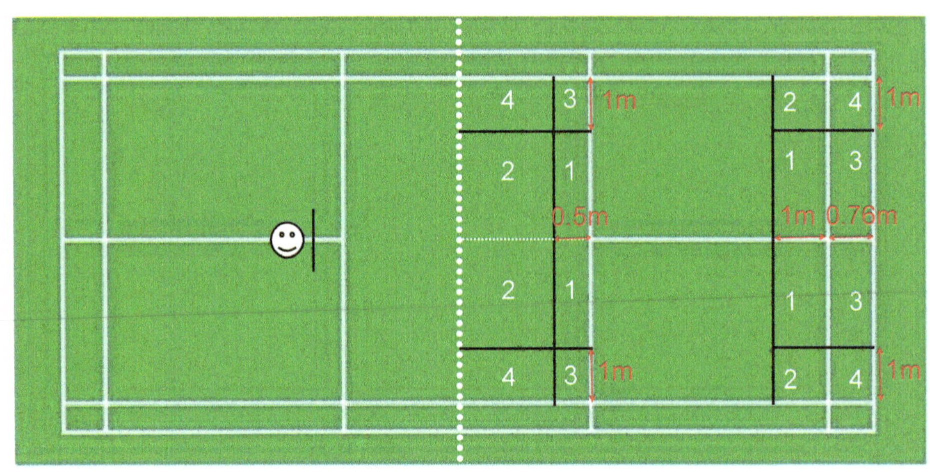

落点区域划分与分值示意图

球线分别将左右落点区域划分为4个分值区域。

评分方法

报分员依次报出被测试者在有效区域的分值，计分员记录并将分值相加算出总分，即为本测试得分。

要点图示及说明

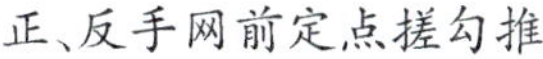
正、反手网前定点搓勾推

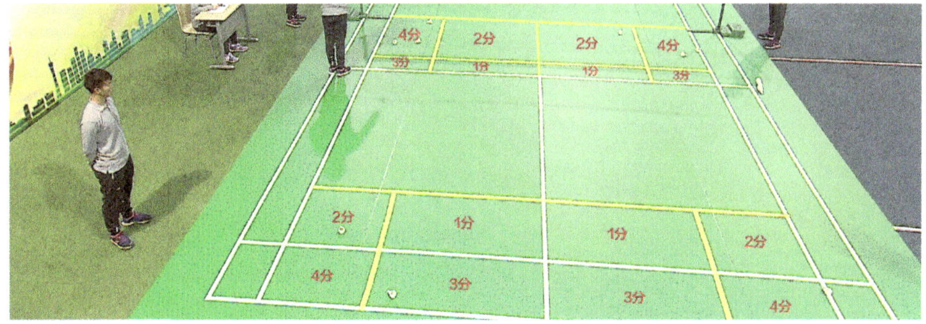

- 被测试者在网前每次击球后双脚必须回至标志线后方可进行下一次击球
- 被测试者在网前正手区击球时，必须按照搓或放、勾对角线、推直线、推对角线的固定顺序来进行击球，顺序错误视为无效球，不计入测试成绩
- 被测试者在网前反手区击球时，必须按照搓或放、勾对角线、推直线、推对角线的固定顺序来进行击球，顺序错误视为无效球，不计入测试成绩

科目二　正手与头顶移动击高远球

测试方法及要求

助考员向被测试者后场按照正手区、头顶区的顺序发20个高远球，被测试者站在正手区后场位置附近，两点移动按照正手击直线高远球、头顶击斜线高远球、正手击斜线高远球、头顶击直线高远球的规定击球路线和顺序，将来球以较高弧线击到对方后场规定区域内，连续完成20个球。

落点区域划分与分值

后场：单打场地左右区的端线至双打后发球线后沿向前100厘米处规定为落点区域，平行于单打边线外沿向内测量100厘米画线，与双打后发球线分别将左右落点区域划分为4个分值区域。

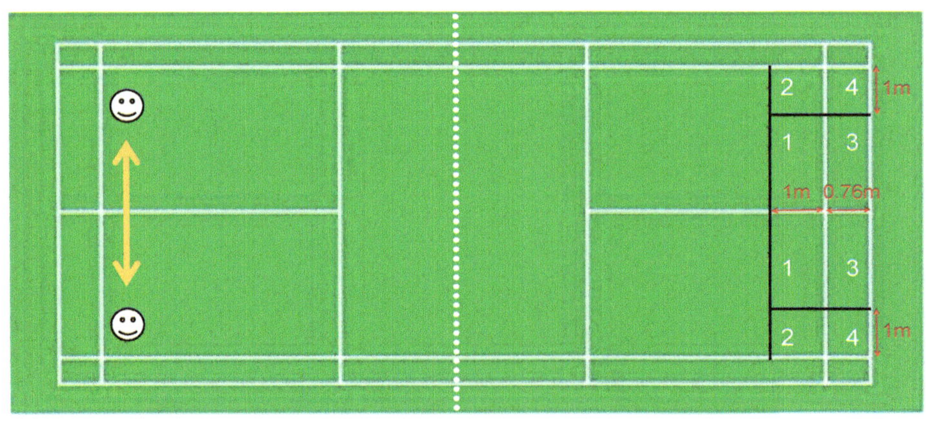

落点区域划分与分值示意图

评分方法

报分员依次报出被测试者在有效区域的分值，计分员记录并将分值相加算出总分，即为本测试得分。

要点图示及说明

正手与头顶移动击高远球

● 被测试者在后场移动击球时，必须按照正手击直线高远球、头顶击斜线高远球、正手击斜线高远球、头顶击直线高远球的规定击球路线和顺序来进行击球，顺序错误视为无效球，不计入测试成绩

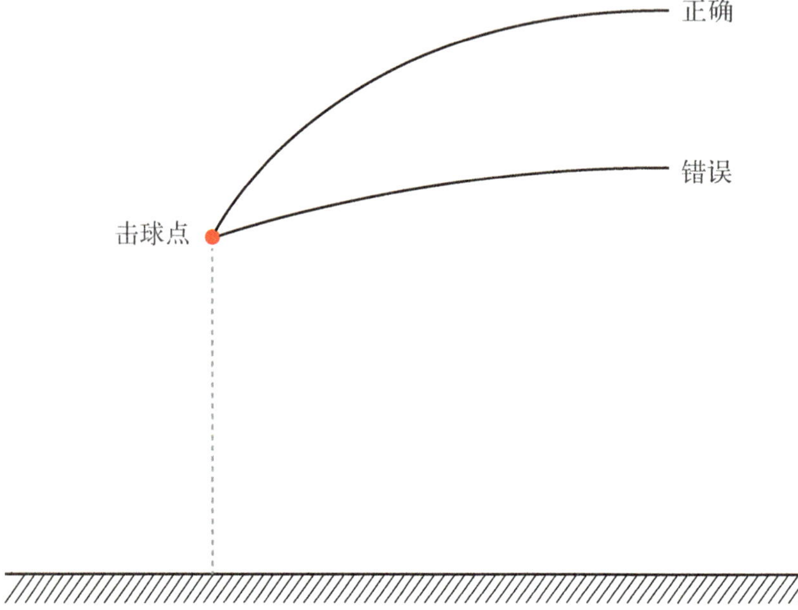

- 被测试者高远球飞行弧线过低时，考官有权视为无效球，不计入测试成绩

科目三：正手与头顶移动吊球

测试方法及要求

助考员向被测试者后场按照正手区、头顶区的顺序发20个高远球，被测试者站在正手区后场位置附近，两点移动按照正手吊直线、头顶吊斜线、正手吊斜线、头顶吊直线规定的顺序，将来球以向下飞行的弧线击到对方前场的规定落点区域内，连续完成20个球。

落点区域划分与分值

前场：单打场地左右区球网至前发球线后沿向后50厘米为落点区域，平行于单打边线外沿向内100厘米画线与前发球线和中线、中线延长线分别将左右落点区域划分为4个分值区域。

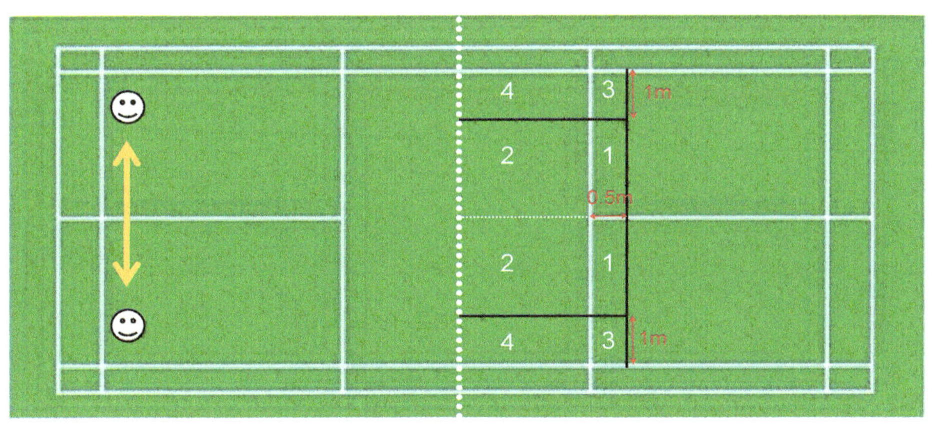

落点区域划分与分值示意图

评分方法

报分员依次报出被测试者在有效区域的分值，记分员记录并将分值相

加算出总分，即为本测试得分。

要点图示及说明

正手与头顶移动吊球

● 被测试者在后场移动击球时，必须按照正手吊直线、头顶吊斜线、正手吊斜线、头顶吊直线击球路线和顺序来进行击球，顺序错误视为无效球，不计入测试成绩

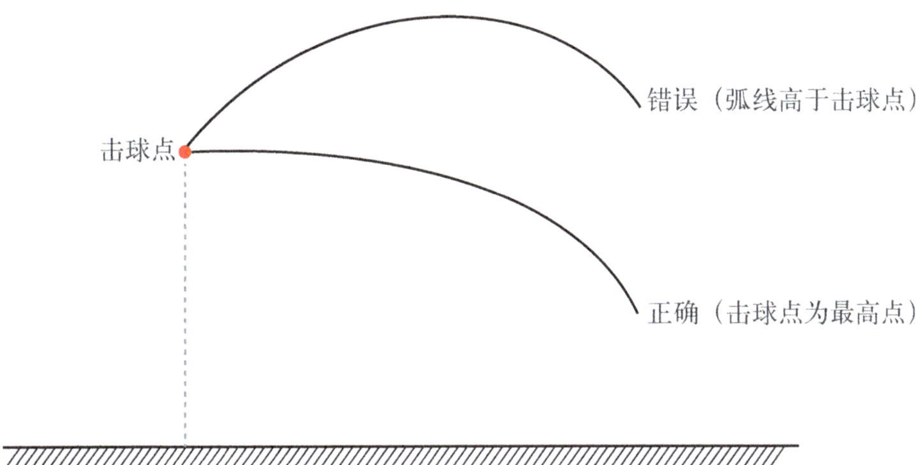

- 被测试者吊球向下飞行弧线距网过高时，考官有权视为无效球，不计入测试成绩

科目四：正手与头顶移动杀球

测试方法及要求

助考员向被测试者后场按照正手区、头顶区的顺序发20个高远球，被测试者站在右区后场位置附近，两点移动按照正手杀直线、头顶杀斜线、正手杀斜线、头顶杀直线的规定顺序将来球以较大力量、较快速度向下飞行的弧线击到对方场地规定落点区域内，连续完成20个球。

落点区域划分与分值

中场：以单打左右场区前发球线至双打后发球线之间的单打边线中心点为基准，向前测量50厘米，向后测量100厘米(边线长为150厘米)，与平行于单打边线外沿向内100厘米处所构成的区域为4分区，其余左右区单打场地为1分区。

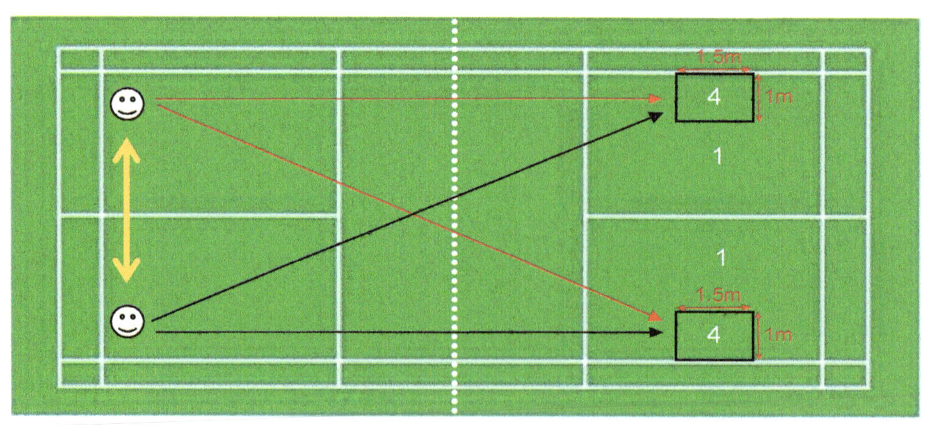

落点区域划分与分值示意图

评分方法

报分员依次报出被测试者在有效区域的分值，记分员记录并将分值相

加算出总分，即为本测试得分。

要点图示及说明

正手与头顶移动杀球

● 被测试者在后场移动击球时，必须按照正手杀直线、头顶杀斜线、正手杀斜线、头顶杀直线的击球路线和顺序来进行击球，顺序错误视为无效球，不计入测试成绩

达标标准

四～六级达标标准

等　级	总得分数=科目一得分+科目二得分+科目三得分+科目四得分
四　级	102≤总得分数≤131分
五　级	132≤总得分数≤150分
六　级	总得分数≥151分

七～九级测试

LEVEL 7～9 TEST

科目一：网前两点移动搓勾推

测试方法及要求

助考员按照正手区、反手区的顺序向被测试者抛20个球于近网单打边线处，被测试者站在中线距前发球线后沿50厘米的一条标志线后准备，两点移动按照正、反手搓或放、勾、推（直线斜线均可）的规定顺序将球击到对方前场和后场的规定落点区域；并轮转3次（击18个球），最后剩下的两球可随意选择回球方式，但必须是一前一后。连续完成20个球。

落点区域划分与分值

前场：单打场地左右区球网至前发球线后沿为落点区域，平行于单打边线外沿向内100厘米画线，平行于前发球线后沿向前50厘米画线与中线延长线分别将左右落点区域划分为4个分值区域。

后场：单打场地左右区的端线至双打后发球线后沿向前100厘米处规定为落点区域，平行于单打边线外沿向内测量100厘米画线，与双打后发球线将落点区域划分为4个分值区域。

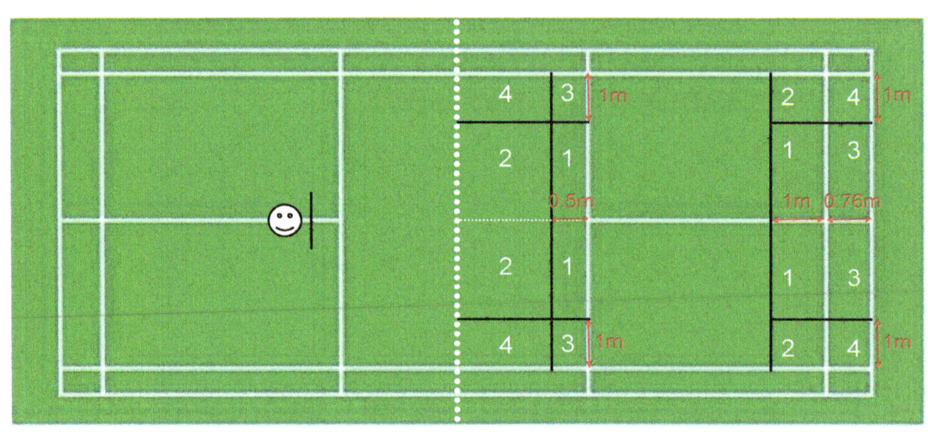

落点区域划分与分值示意图

评分方法

报分员依次报出被测试者在有效区域的分值，记分员记录并将分值相加算出总分，即为本测试得分。

要点图示及说明

网前两点移动搓勾推

- 被测试者在网前每次击球后双脚必须回至标志线后方可进行下一次击球
- 被测试者在网前移动击球时，必须按照正、反手搓或放、勾、推（直线斜线均可）的规定顺序进行击球，最后剩下的两球可随意选择回球方式，但必须是一前一后，顺序错误视为无效球，不计入测试成绩

科目二：后场两点移动规定线路吊球、高远球

测试方法及要求

助考员向被测试者后场按照正手区、头顶区的顺序发20个高远球，被测试者站正手区后场位置附近，两点移动按照正手直线吊球、头顶对角线高远球、正手对角线高远球、头顶直线吊球、正手对角线吊球、头顶直线高远球、正手直线高远球、头顶对角线吊球的规定顺序分别进行，将球分别击到对方前场和后场的规定落点区域内，连续完成20个球。

落点区域划分与分值

前场：单打场地左右区球网至前发球线后沿向后50厘米为落点区域，平行于单打边线外沿向内100厘米画线与前发球线和中线、中线延长线将落点区域划分为4个分值区域。

后场：单打场地左右区的端线至双打后发球线后沿向前100厘米处规定为落点区域，平行于单打边线外沿向内测量100厘米画线，与双打后发球线将落点区域划分为4个分值区域。

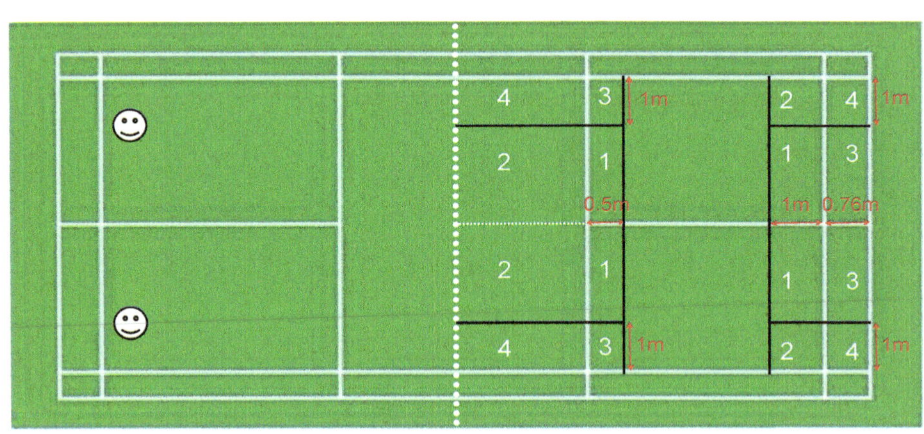

落点区域划分与分值示意图

评分方法

报分员依次报出被测试者在有效区域的分值，记分员记录并将分值加算出总分，即为本测试得分。

要点图示及说明

后场两点移动规定线路吊球、高远球

● 被测试者在后场移动击球时，必须按照正手直线吊球、头顶对角线高远球、正手对角线高远球、头顶直线吊球、正手对角线吊球、头顶直线高远球、正手直线高远球、头顶对角线吊球的规定击球路线和顺序来进行击球，顺序错误视为无效球，不计入测试成绩

科目三：正手、头顶吊直线、斜线上网（女）

测试方法及要求

正手区测试：助考员向被测试者正手区按照一后场一网前的顺序共发20个球（后场和网前各10个球），被测试者站在正手区后场位置附近，按照正手吊直线正手上网推或挑（直线、斜线均可）、正手吊斜线反手上网推或挑（直线、斜线均可）的规定顺序定点将来球击到对方前场和后场所规定的落点区域内。

头顶区测试：助考员向被测试者头顶区按照一后场一网前的顺序共发20个球（后场和网前各10个球），被测试者站在头顶区后场位置附近，按照头顶吊直线反手上网推或挑（直线、斜线均可）、头顶吊斜线正手上网推或挑（直线、斜线均可）的规定顺序将来球击到对方前场和后场所规定的落点区域内。

落点区域划分与分值

前场：单打场地左右区球网至前发球线后沿向后50厘米为落点区域，

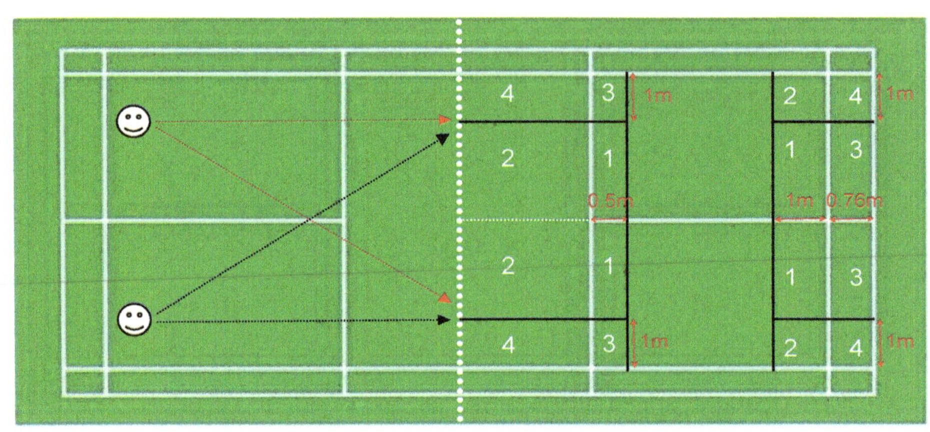

落点区域划分与分值示意图

平行于单打边线外沿向内100厘米画线与前发球线和中线、中线延长线将落点区域划分为4个分值区域。

后场：单打场地左右区的端线至双打后发球线后沿向前100厘米处规定为落点区域，平行于单打边线外沿向内测量100厘米画线，与双打后发球线将落点区域划分为4个分值区域。

评分方法

报分员依次报出被测试者在有效区域的分值，记分员记录并将分值相加算出总分，即为本测试得分。

要点图示及说明

正手、头顶吊直线、斜线上网（女）

- 被测试者在后场、前场移动击球时，必须按照正手吊直线正手上网推或挑（直线、斜线均可）、正手吊斜线反手上网推或挑（直线、斜线均可）的规定路线和顺序来进行击球，顺序错误视为无效球，不计入测试成绩
- 被测试者在后场、前场移动击球时，必须按照头顶吊直线反手上网推或挑（直线、斜线均可）、头顶吊斜线正手上网推或挑（直线、斜线均可）的规定路线和顺序来进行击球，顺序错误视为无效球，不计入测试成绩

科目四：正手、头顶杀直线、斜线上网（男）

测试方法及要求

正手区测试：助考员向被测试者正手区按照一后场一网前的顺序共发20个球（后场和网前各10个球），被测试者站在正手区后场位置附近，按照正手杀直线正手上网搓球或放网（直线、斜线均可）、正手杀斜线反手上网搓球或放网（直线、斜线均可）的规定顺序，将来球击到对方前场和后场所规定的落点区域内。

头顶区测试：助考员向被测试者头顶区按照一后场一网前的顺序共发20个球（后场和网前各10个球），被测试者站在头顶区后场位置附近，按照头顶杀直线反手上网搓球或放网（直线、斜线均可）、头顶杀斜线正手上网搓球或放网（直线、斜线均可）的规定顺序将来球击到对方前场和后场规定的落点区域内。

落点区域划分与分值

前场：单打场地左右区球网至前发球线为落点区域，平行于单打边线

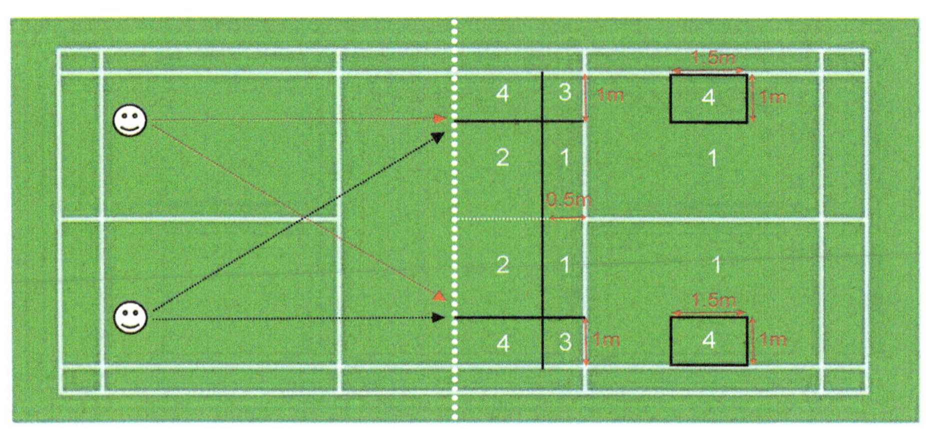

落点区域划分与分值示意图

外沿向内100厘米画线，平行于前发球线向前50厘米画线与中线延长线将左右区落点区域划分为4个分值区域。

中场：以单打左右场区前发球线至双打后发球线之间的单打边线中心点为基准，向前测量50厘米，向后测量100厘米，（边线长为150厘米）与平行于单打边线外沿向内100厘米处所构成的区域为4分区，其余左右单打场地为1分区。

评分方法

报分员依次报出被测试者在有效区域的分值，记分员记录并将分值加算出总分，即为本测试得分。

要点图示及说明

正手、头顶杀直线、斜线上网（男）

- 被测试者在后场、前场移动击球时，必须按照正手杀直线正手上网搓球或放网（直线、斜线均可）、正手杀斜线反手上网搓球或放网（直线、斜线均可）的规定路线和顺序来进行击球，顺序错误视为无效球，不计入测试成绩
- 被测试者在后场、前场移动击球时，必须按照头顶杀直线反手上网搓球或放网（直线、斜线均可）、头顶杀斜线正手上网搓球或放网（直线、斜线均可）的规定路线和顺序来进行击球，顺序错误视为无效球，不计入测试成绩

科目五：30秒快速对墙击球

测试方法及要求

被测试者站在场地距离墙2米的线后位置，手持3个球，在听到发令后，连续运用正拍或反拍对墙进行击球30秒，计数击球次数（3个球打完则测试结束），只有一次测试机会。

评分方法

记分员记录被测试者有效击球的次数，每击1次为1分，计算出本测试得分。

要点图示及说明

30秒快速对墙击球

- 被测试者3个球打完即使时间未达30秒测试也必须结束
- 每只球落地后必须换手中球继续击球，不能重新拾起落地球
- 被测试者如果在测试过程中踩线或越线可继续击球，但踩线或越线所击球数不计入成绩

达标标准

男子七～九级达标标准

等　级	总得分数＝科目一得分＋科目二得分＋科目四得分＋科目五得分
七　级	246≤总得分数≤270分
八　级	271≤总得分数≤286分
九　级	总得分数≥287分

女子七～九级达标标准

等　级	总得分数＝科目一得分＋科目二得分＋科目三得分＋科目五得分
七　级	228≤总得分数≤259分
八　级	260≤总得分数≤280分
九　级	总得分数≥281分